DES
CYLINDRES

EMPLOYÉS EN PAPETERIE

POUR LA

TRITURATION DES PATES

PAR

GABRIEL PLANCHE

PARIS,

TYPOGRAPHIE DE AD. LAINÉ ET J. HAVARD
19, RUE DES SAINTS-PÈRES, 19.

1865

DES
CYLINDRES

EMPLOYÉS EN PAPETERIE

POUR LA

TRITURATION DES PATES

DES CYLINDRES

EMPLOYÉS DANS LES PAPETERIES.

On peut dire des cylindres qu'ils sont l'âme d'une fabrique. Bien construits, ils économisent la force motrice, permettent de faire plus et mieux, et contribuent beaucoup à la prospérité des établissements.

Il est donc d'une haute importance de les étudier en détail et de chercher la manière dont ils doivent être organisés pour fonctionner avec le plus d'avantages.

Le cylindre à triturer les chiffons nous est venu de Hollande, il y a plus d'un siècle. On peut en lire l'historique dans l'excellent ouvrage de M. Auguste Lacroix sur les papeteries d'Angoulême.

L'usage des cylindres a fini par devenir général, et ils ont reçu des perfectionnements importants. On devrait donc s'attendre à les voir disposés d'une manière irréprochable, en vue du but qu'on s'est proposé d'atteindre en les faisant établir.

Il n'en est pas ainsi pourtant. Et, en visitant les fabriques, on s'aperçoit que ces cylindres, si bien connus des gens du métier, laissent beaucoup à désirer, à de rares exceptions près.

La faute en est peut-être aux modèles généralement adoptés, modèles faits par des constructeurs d'après les conseils de fabricants plus ou moins capables, et que la routine ou la répugnance pour de nouvelles dépenses empêche de modifier. Peut-être aussi ne se rend-on pas assez compte, en faisant construire un cylindre avec sa pile, du travail particulier qu'il devra faire et ne se préoccupe-t-on pas assez de le disposer en conséquence.

Quoi qu'il en soit, pour indiquer les améliorations possibles, il faut étudier, par ordre, les fonctions multiples des cylindres dans la fabrication.

On emploie les cylindres en papeterie :

1° Pour laver les chiffons avant le lessivage ;

2° Pour la première partie du défilage ;

3° Pour la dernière partie du défilage ;

4° Pour relaver et raccourcir en même temps les pâtes dures blanchies au chlore gazeux ;

5° Pour blanchir au chlore liquide ;

6° Pour relaver les pâtes blanchies au chlore liquide ;

7° Pour commencer le raffinage ;

8° Pour finir le raffinage.

Il y a en outre le *pulp-engine*, importé depuis quelques années d'Amérique.

Tous ces cylindres, ayant une destination différente, ne doivent évidemment pas être construits sur le même modèle.

Examinons donc le travail spécial que doit faire chacun d'eux, et cherchons la manière la plus rationnelle de les établir les uns et les autres en vue de ce travail.

I. — Cylindre pour laver les chiffons avant le lessivage.

On se propose, avec ce cylindre, d'enlever les corps lourds et les ordures légères qui sont restés dans les chiffons, et qu'il serait trop difficile d'extraire après le lessivage (surtout les ordures légères); de tremper les chiffons et de les débarrasser d'une partie de leur crasse; enfin, d'en commencer l'effilochage et d'en rendre, par suite de cette préparation, le lessivage plus efficace.

Voici les dispositions qui me paraissent les plus propres à obtenir ces résultats :

1° On donnera à la pile un peu plus de longueur qu'à l'ordinaire. Le dessus du saut sera à o^m.15 plus bas que le bord supérieur de la pile.

2° On fera entrer l'eau par le bout de la pile du côté du saut, et par le fond, sous une plaque en fonte qui terminera le saut et dépassera de o^m.10 le centre du tambour laveur. Cette plaque sera placée sur un plan un peu incliné, de manière à laisser entre sa surface inférieure et le fond de la pile o^m.10 du côté de l'entrée de l'eau, et o^m.01 du côté opposé, afin que l'eau, en sortant par cette ouverture rétrécie, balaye le fond de la pile sur toute sa largeur.

3° L'eau, après avoir traversé les chiffons, sortira par une échancrure de o^m.50 de largeur sur o^m.12 de profondeur, pratiquée à la partie supérieure de la pile dans le bout opposé à celui par où l'on fait entrer l'eau. Cette échancrure sera munie d'une vanne qui permette de s'en servir ou de la fermer à volonté.

4° On établira dans le fond de la pile de grands sabliers et des rainures dites cloutières.

5° Le cylindre n'aura qu'une vingtaine de lames en fer, mais un peu plus épaisses qu'à l'ordinaire, et dépassant davantage le noyau. Il suffira qu'il fasse 100 tours par minute. Sa platine n'aura que deux ou trois lames ; son chapiteau n'aura pas de châssis, et sera fait comme celui d'une raffineuse, en laissant un peu plus d'espace entre l'extrémité des lames et le chapiteau.

6° On se servira d'un puissant tambour laveur, pouvant se lever et se baisser à volonté, et garni d'une toile métallique n° 40.

7° En supposant une différence de niveau de 1 mètre entre le fond du réservoir d'eau et la partie supérieure de la pile, on donnera au tuyau de conduite de l'eau un diamètre intérieur de $0^m.12$, à la vanne ou au robinet une dimension proportionnelle.

8° Dans un endroit quelconque, on établira au-dessous du niveau de la pile un ramasse-pâte avec une toile métallique n° 50, de 3 mètres de longueur sur $1^m.50$ de largeur, soutenue par des tasseaux, et placée sur un plan incliné de 45 degrés.

Reste à justifier ces dispositions. Je vais en donner les motifs dans l'ordre de l'exposition ci-dessus.

1° En faisant la pile un peu plus longue qu'à l'ordinaire, les chiffons auront plus de temps pour se déposer, et risqueront moins de sortir par l'échancrure du bout de la pile, échancrure qui ne doit livrer passage, autant que faire se peut, qu'aux ordures légères et à l'eau sale.

2° Le courant d'eau s'étendant sur toute la surface du fond de la pile au-dessous du tambour laveur, en vertu de la pression résultant de la différence de niveau entre le réservoir et la pile, produira une espèce de spatulage énergique qui fera tourner les chiffons plus rapidement.

De plus, en traversant les chiffons de bas en haut pour arriver à l'échancrure, il entraînera les ordures légères en plus grande quantité; et quand on fermera l'échancrure pour laver par le tambour laveur, l'eau, ayant traversé les chiffons et fait tout le tour de la pile, sortira bien plus sale que si on l'introduisait par-dessus la pile, comme on a l'habitude de le faire.

La supériorité de cette disposition me paraît évidente, et l'on comprendra l'importance que j'attache à l'entrée de l'eau par le fond de la pile.

3° Au moyen de l'échancrure pratiquée au haut de la pile, on se débarrasse d'une foule d'ordures légères qui ne pourraient passer à travers la toile métallique du tambour laveur.

4° Les sabliers et les cloutières retiendront les corps lourds qui pourraient être restés dans les chiffons; les lames des défileuses n'en seront pas endommagées, et se conserveront plus longtemps en bon état.

5° Comme il ne s'agit, dans cette opération, que d'un très-faible commencement d'effilochage, un cylindre composé de vingt lames, avec une platine de trois lames, sera suffisant, et exigera moins de force qu'un cylindre ordinaire. Les lames dépasseront le noyau un peu plus que d'habitude, afin d'attirer mieux les chiffons; seulement, ces lames étant plus larges, devront être un peu plus épaisses. Le chapiteau n'aura pas de châssis, parce que le lavage au moyen d'un tambour laveur occasionnera moins de déchets.

6° On emploiera un puissant tambour laveur, afin que le lavage s'effectue le plus promptement possible. Ce tambour devra être établi de telle sorte qu'on puisse l'élever ou l'abaisser à volonté.

En commençant l'opération, on éloignera le cylindre de 0^m.01 environ de sa platine, et on fera sortir l'eau sale par l'échancrure. Après vingt minutes de travail, on fermera la vanne de l'échancrure, on approchera un peu le cylindre de la platine pour obtenir un commencement d'effilochage, on fermera la vanne de l'échancrure, on abaissera le tambour laveur, et on travaillera ainsi encore un quart d'heure. On comprend qu'aussitôt qu'on approche le cylindre de la platine, on doit cesser de laver par l'échancrure, parce qu'il y passerait une grande quantité de filaments.

En mettant 30 ou 40 minutes pour cette opération, on obtiendra de très-bons effets. On en obtiendrait de meilleurs encore, cela se conçoit, en la faisant durer une heure entière.

Selon le genre de fabrication, l'importance de la fabrique et la place dont on dispose, les piles pourront contenir 50, 75, 100 kilogrammes de chiffons et plus.

7° Il est essentiel de donner un grand diamètre au tuyau qui amène l'eau dans la pile; en introduisant une grande quantité d'eau, l'opération se fera mieux et plus rapidement.

8° On ne pourra se dispenser d'avoir un ramasse-pâte pour recueillir les chiffons et filaments qui pourront sortir par l'échancrure. Celui que j'indique, à plan incliné, me paraît le plus simple, et il est suffisant.

S'il passait trop de chiffons par l'échancrure, on pourrait y remédier au moyen d'un grillage fixé d'un côté au-dessous de l'échancrure, de l'autre au-dessous de l'arbre du cylindre, mais se relevant insensiblement de manière à dépasser le niveau de l'eau.

Au lieu d'un cylindre avec lames de fer, on pourrait

n'établir qu'un rouleau avec lames en bois, sans platine. Dans ce cas on n'aurait pas besoin d'un tambour laveur, et le lavage se ferait seulement par l'échancrure. De cette manière, l'opération serait simplifiée; mais il est incontestable qu'avec un commencement d'effilochage par le cylindre en fer le lavage se fait mieux, et qu'ensuite le lessivage est plus efficace.

Le lavage dont il est ici question, et l'organisation que je viens de décrire, sont spécialement applicables aux chiffons communs. Les fabricants qui n'emploient que de beaux chiffons peuvent recourir à d'autres moyens, plus en rapport peut-être avec leur genre de fabrication.

Il n'est qu'un très-petit nombre de fabricants de papier en Europe qui lavent les chiffons avant le lessivage. Cependant cette opération contribue beaucoup à la pureté des pâtes, et en facilite le blanchiment.

Généralement, on ne croit pas beaucoup ni à la nécessité ni aux avantages de ce lavage. Du reste, le manque de place, le manque de force, la répugnance pour toute dépense nouvelle, la routine enfin, empêcheront longtemps encore la majorité des fabricants de l'adopter. Cependant il deviendra de plus en plus nécessaire, et l'usage s'en généralisera probablement à mesure que les consommateurs se montreront plus exigeants pour la pureté des papiers, et les payeront en conséquence.

Cylindres défileurs.

Le but qu'on se propose d'atteindre par les cylindres défileurs, c'est d'effilocher les chiffons jusqu'au point exigé par le genre de fabrication auquel on les destine, et en même temps de les bien laver, d'en séparer le sable, les boutons, les crochets, en un mot, tous les corps lourds qui peuvent s'y trouver mêlés.

Presque tous les fabricants font le défilage en entier dans un seul cylindre.

Cette manière est admissible quand on traite de beaux chiffons blancs, qui se lavent et se défilent très-facilement. Mais pour les chiffons sales, les chiffons de couleur, les chiffons grossiers, pour les cordes, les étoupes, etc., il est incontestablement plus avantageux d'employer, pour le défilage, deux cylindres superposés, et de le faire en deux parties, la première dans la pile supérieure, la dernière dans la pile inférieure.

Les piles défileuses peuvent contenir 50, 75, 100 kilogr. de chiffons, selon le genre de fabrication adopté.

Les cylindres légers conviennent pour les chiffons fins et tendres. Pour les chiffons grossiers, les cordes, les étoupes, etc., les cylindres lourds sont plus avantageux. Du reste, quelle que soit la dimension des piles, les dispositions seront les mêmes.

Tout ce que j'ai vu, tout ce que j'ai appris dans des entretiens avec d'habiles fabricants, ou par ma propre expérience, se résume dans les dispositions suivantes, qui me paraissent jusqu'ici les meilleures.

II. Pile supérieure. (Première partie du défilage.)

On donnera à chaque bout de la pile une forme elliptique.

On arrondira plus qu'on ne le fait habituellement les angles de la pile, afin que le défilé y glisse mieux.

On placera dans le fond de la pile une plaque en fonte qui terminera le saut en le prolongeant jusqu'à

o^m.15 au-delà du centre du tambour laveur. On intro-
duira l'eau dans la pile par le bout et au-dessous de
cette plaque, laquelle sera inclinée de telle sorte qu'il y
ait un vide de o^m.10 du côté d'entrée de l'eau, et que
ce vide se réduise à o^m.01 au bout de la plaque, pour la
sortie de l'eau.

Le prolongement de la plaque en fonte au-delà du
centre du tambour laveur est nécessaire pour que l'eau
traverse les chiffons, et fasse le tour de la pile avant de
sortir par le tambour, ce qui rend le lavage plus rapide
et de meilleur effet. En outre, l'eau, s'étendant dès
l'entrée sur toute la surface du fond, et poussée par la
pression qui résulte de la différence de niveau entre le
réservoir d'eau et la pile, chasse le défilé avec force et
le fait tourner mieux que ne saurait le faire le plus énergique spatulage, d'autant plus que cette impulsion
donnée au défilé par l'eau est continue.

L'introduction de l'eau par le fond de la pile a donc
des avantages très-positifs, incontestables, sur la pratique habituelle, qui la fait arriver à la partie supérieure.

La seule objection qu'on pourrait y faire, c'est qu'en
introduisant l'eau par le fond de la pile, on ne peut pas
la faire passer à travers un sac pour la purifier. Mais cette
objection a peu de valeur, car, en parlant des eaux de
lavage, j'ai indiqué, pour purifier l'eau, des moyens plus
économiques et plus commodes que les sacs aux robinets. Du reste, à supposer que l'on tînt à se servir du
sac, rien n'empêcherait de placer à côté de la pile et
sur un plan plus élevé que le niveau de celle-ci, un petit
tonneau dans lequel on introduirait l'eau filtrée à travers
un sac semblable à ceux qu'on met aux robinets, ou
plus grand encore, et, en sortant du tonneau, l'eau

irait entrer par le fond de la pile, comme je l'ai expliqué précédemment. Seulement, de cette manière, on perdrait une partie de la pression du réservoir, pression qui accélère la marche du défilé au fond de la pile.

Il y a dix ans, dans mon ouvrage « De l'Industrie de la Papeterie, » je donnais déjà le conseil de faire entrer l'eau dans les défileuses par le fond de la pile. On y a fait, je crois, peu d'attention, car il n'a été mis en pratique que par un très-petit nombre de fabricants. Pourtant, l'expérience que j'ai faite de ce système toutes les fois que j'en ai eu l'occasion, m'en a prouvé de plus en plus l'efficacité. Il est incontestable qu'à temps égal, et avec la même quantité d'eau, le défilé est beaucoup mieux lavé en introduisant l'eau par le bas qu'en la faisant arriver par la partie supérieure de la pile. En outre, comme je l'ai déjà dit, le défilé tourne mieux dans le fond.

On établira un grand sablier dans le fond de la pile, à 1 mètre plus loin que la sortie de l'eau, un autre à $0^m.50$ en avant de la platine.

Quelques centimètres en avant du dernier sablier, on aura une rainure dite cloutière, de $0^m.03$ de largeur sur $0^m.04$ de profondeur. On aura une seconde cloutière au bas du saut, en avant de la plaque en fonte, vis-à-vis la séparation dans la pile.

Quelques fabricants placent encore un sablier dans le saut, là où tombe le défilé lancé par le cylindre. Ce sablier ne peut nuire sans doute, mais il ne me paraît pas indispensable quand on en a déjà deux autres.

Ces sabliers et cloutières retiennent les sables, les corps lourds, et en débarrassent le défilé ; seulement, pour éviter des déchets, ils doivent être établis avec soin.

On placera une soupape de o^m.05 d'ouverture pour l'écoulement des eaux, quand on nettoie la pile, et une seconde soupape de o^m.22 au moins d'ouverture, pour déverser la pâte dans la pile inférieure.

Les soupapes généralement employées sont d'une dimension beaucoup plus petite, mais c'est à tort, à mon avis. L'excédant de dépense pour une soupape et des tuyaux d'un grand diamètre sera vite couvert par le temps qu'on gagnera en vidant la pile.

On fera arriver le saut derrière le cylindre, à o^m.03 du bord supérieur de la pile, afin que le lavage par les châssis des chapiteaux soit suffisamment abondant.

Pour les piles où l'on a des chapiteaux sans châssis, il est mieux de tenir le saut de o^m.06 à o^m.08 moins élevé.

On placera la séparation dans la pile de telle sorte que le côté où sera le cylindre soit de o^m.08 plus large que l'autre; le défilé en tournera mieux.

Cette séparation sera suffisamment allongée. On remarque souvent qu'elle est trop courte dans les cylindres que l'on visite.

On ménagera dans cette séparation et dans la paroi de la pile, de chaque côté du cylindre, un vide de o^m.015, et assez grand pour que les rondelles, qui empêchent le défilé de glisser le long de l'arbre, puissent y tourner sans gêne ni frottement. On fixera dans le chapiteau des plaques en cuivre entre lesquelles ces rondelles devront tourner également à l'aise. Ces plaques empêchent le défilé de tomber par-derrière les rondelles, et de glisser le long de l'arbre du cylindre.

Il est essentiel de bien ajuster les rondelles. Quand ce soin n'a pas été pris, ce qu'on remarque assez souvent, il en résulte de la malpropreté et des déchets.

On posera dans la pile, vis-à-vis le centre du cylindre, une caisse en fonte un peu à queue d'aronde, et se terminant légèrement en coin, dans laquelle glissera une autre caisse très-bien ajustée en fonte ou en bois; la platine sera fortement calée dans cette dernière.

On peut aussi mettre la platine sur une plaque en fonte, la fixer par deux vis placées en dessous, et l'entourer d'un cadre en bois fait très-solidement. On comprend que l'ajustage de bois contre fonte est plus facile que l'ajustage de fonte contre fonte.

Pourvu que l'on ait une caisse et une platine de rechange, le changement de platine, avec l'un ou l'autre système, se fera en moins de dix minutes.

On placera des leviers parallèles et assez forts pour éviter tout tremblement. On établira, pour supporter le cylindre, des paliers plus larges qu'on ne les fait habituellement, en laissant au milieu un vide dans lequel tourne une rondelle graisseuse, placée sur l'arbre du cylindre. Les arbres des cylindres ne s'échauffent pas avec ces paliers, qui usent moins d'huile que les coussinets ordinaires, le plus souvent trop étroits.

On aura soin de laisser un vide de $0^m.03$ au moins entre les paliers et les parois de la pile, afin que le cambouis ne puisse tomber dans celle-ci.

On établira un puissant tambour laveur et un chapiteau muni de deux châssis. Dans les fabriques où l'on emploie toutes sortes de chiffons, le tambour laveur sera garni d'une toile métallique n° 5o, et les châssis d'une toile n° 6o. Des toiles plus fines pour le commencement du défilage se crasseraient vite, et le lavage se ferait moins bien. D'ailleurs, dans cette pile, le défilé est encore très-long.

Dans les fabriques où l'on ne traite que de beaux chiffons, on pourra employer des toiles plus fines. Dans celles où l'on ne traite que des chiffons grossiers, on pourra employer des toiles d'un numéro moins fin.

Le tuyau pour amener l'eau dans la pile sera d'un diamètre plus ou moins grand, selon la pression produite par la différence de niveau entre le réservoir d'eau et la pile. Dans tous les cas, il devra être d'une dimension telle qu'on puisse, dès le commencement du défilage, introduire dans la pile autant d'eau que les châssis et le tambour laveur pourront en débiter.

Souvent on met des tuyaux et des robinets trop petits; c'est une faute. Au commencement du défilage l'eau est si sale, qu'il est essentiel de s'en débarrasser le plus vite possible, car, une fois que les chiffons sont raccourcis, le lavage se fait plus difficilement et moins bien.

Le rouleau du cylindre consistera en un noyau en fonte (garni de ses lames) calé avec une forte clef sur un arbre en fer assez fort pour qu'un accident ne soit pas à craindre.

Quelques fabricants emploient des arbres en fonte, parce qu'ils offrent plus de rigidité et coûtent moins cher. Mais ce système est généralement considéré comme une économie mal entendue, et les arbres en fer sont préférés.

On fixera sur l'arbre, de chaque côté du rouleau, des rondelles en bronze de $0^m.007$ d'épaisseur, sur $0^m.25$ de diamètre, et de telle sorte qu'elles tournent sans frottement à la place qui leur a été réservée, d'un côté dans la séparation, de l'autre dans la paroi de la pile et entre les plaques de cuivre adaptées à cet effet au chapiteau.

On laissera un intervalle de $0^m.03$ entre le cylindre et

la paroi de la pile, de même entre le cylindre et la séparation, et on fixera de chaque côté du cylindre, à partir de l'arbre, un morceau de fer carré de $0^m.025$, pour empêcher tout amas de défilé entre le cylindre et le chapiteau.

Le cylindre de cette pile supérieure aura 36 lames seulement, fixées sans cercle, mais avec du bois très-sec, dans les ouvertures ménagées à cet effet sur le noyau.

Ce système est le plus économique, et permet de changer facilement une ou deux lames au besoin, sans démonter le cylindre. Quand le tout est bien exécuté, la solidité est aussi grande que si l'on avait employé des cercles.

Trente-six lames au cylindre et six à huit à la platine ménagent la force motrice, et cependant suffisent pour commencer le défilage, car il s'agit plutôt alors de bien laver les chiffons que de les raccourcir beaucoup. Quelques fabricants même n'emploient pour le défilage que des platines de deux ou trois lames, et s'en trouvent bien, disent-ils.

Le cylindre sera placé de telle façon que son arbre soit à quelques millimètres plus haut que le dessus de la pile. Quand on fait, comme cela se pratique assez fréquemment, une entaille dans la pile pour y faire entrer à moitié l'arbre du cylindre, il arrive souvent, par la négligence des ouvriers, que le défilé sort par cette échancrure, ce qui cause des déchets et de la malpropreté. Cette entaille ne devrait avoir que $0^m.02$ au plus de profondeur, afin que le défilé ne pût jamais s'échapper par là.

Le cylindre devra faire 150 tours environ par minute.

III. Pile inférieure. (Dernière partie du défilage.)

La pile inférieure sera construite comme la pile supérieure, en y faisant seulement les modifications suivantes :

Le saut sera tenu de $0^m.07$ moins élevé; le chapiteau n'aura pas de châssis, et aura la forme des chapiteaux de raffineuse; le tambour laveur sera garni d'une toile métallique n° 70; on mettra 54 lames au cylindre et 10 à 12 à sa platine, ces lames seront de 2 à 3 millimètres moins épaisses, et on le fera marcher à 180 tours par minute au lieu de 150.

Le lavage étant déjà bien avancé dans la pile supérieure, il suffira, pour l'achever dans la pile inférieure, d'un bon tambour laveur, qui occasionnera moins de déchet que des châssis.

On réglera le cylindre avec la platine de telle sorte qu'à la fin du lavage le défilé se trouve raccourci juste au point où l'on désirait l'amener.

On comprend sans doute, par les explications que je viens de donner, quels avantages offre pour l'opération du défilage le système de deux piles superposées.

Quand on commence le défilage, l'eau est très-sale. Ce qui importe alors, c'est de s'en débarrasser au plus vite, et non de se presser de raccourcir les chiffons. Il est donc bon, pour activer le lavage, d'avoir châssis et tambour laveur, et de mettre moins de lames au cylindre et à la platine, afin de ménager la force motrice, souvent trop faible dans les papeteries.

Dans la pile inférieure, où le défilé est encore très-long, tandis que le lavage est déjà bien avancé, il faut

supprimer les châssis et garnir le tambour d'une toile
métallique plus fine, afin d'éviter les déchets autant que
possible. En même temps, il faut augmenter les lames
du cylindre et de sa platine, et le faire marcher plus vite,
pour que le défilé soit raccourci au point voulu quand
finira le lavage.

Le système des deux piles superposées a encore d'autres avantages. S'il arrive, par la négligence des ouvriers,
qu'un morceau de fer ou un autre corps dur reste mêlé
aux chiffons, ce corps sera retenu dans les cloutières
de la pile supérieure, et ne pourra endommager que
les lames du cylindre de cette pile, tandis que celles
du cylindre de la pile inférieure, dont le travail est plus
important, n'en seront pas atteintes, et se conserveront
en bon état; en outre, le défilé, avec deux piles, est plus
uniforme qu'avec une seule.

En résumé, j'en suis convaincu, monter deux piles,
comme je viens de l'expliquer, c'est le moyen de faire
le meilleur défilage, le meilleur lavage, d'éviter les
déchets autant que faire se peut, et d'obtenir de la
force motrice dont on dispose la plus forte production
possible.

IV. Cylindre pour laver et pour raccourcir en même temps les pâtes dures blanchies par le chlore gazeux.

On construira une pile absolument semblable à celle
qui sert pour la dernière partie du défilage. Les lames
du cylindre et de la platine seront en bronze, composé
de quatre-vingt-cinq parties de cuivre rouge et de quinze
parties d'étain, composition qui donne aux lames une
dureté suffisante.

Un assez grand nombre de fabricants se servent encore, par économie, de lames d'acier ou de fer pour ce cylindre et sa platine. Mais la pâte blanchie au chlore gazeux, et ensuite lavée et raccourcie par un cylindre à lames d'acier ou de fer, est moins blanche que la pâte lavée et raccourcie par un cylindre à lames de bronze. De plus, les lames d'acier s'amincissent assez rapidement.

V. Cylindre pour blanchir au chlore liquide.

La contenance des piles que l'on destine à cette opération peut varier de 100 à 1,000 kilogrammes.

La dimension en sera déterminée par l'importance de la fabrique, par le genre de fabrication habituel, et aussi par la place dont on dispose.

Ces piles peuvent être en fonte [1], en bois, en pierre, en brique ou béton; mais, dans ces deux derniers cas, recouvertes à l'intérieur d'un crépissage en ciment. Ce crépissage en ciment serait encore une bonne précaution pour les piles en bois. Dans ce cas, on garnira l'intérieur de la pile de petits clous dont on laissera dépasser les têtes de 5 à 7 millimètres, afin que le ciment reste bien appliqué contre le bois.

Le choix des matériaux n'ayant pas d'influence sur la réussite de l'opération, on choisira, selon les lieux, ceux qu'il sera le plus facile de se procurer ou qui paraîtront offrir le plus d'économie.

Mais quelle que soit la matière choisie, la dimension

[1] Je ne me suis jamais servi de fonte, mais plusieurs fabricants que j'ai vus l'employer m'ont dit qu'ils n'y trouvaient aucun inconvénient.

adoptée, les piles devront être construites d'après les indications suivantes que j'ai données pour les piles défileuses :

1° Arrondir les angles intérieurs du fond de la pile;

2° Placer des rondelles sur l'arbre du cylindre, tournant de chaque côté dans le chapiteau pour empêcher les crachements de pâte;

3° Établir un chapiteau sans châssis comme celui des raffineuses

4° Laisser du vide entre les paliers et la pile, pour éviter les taches de graisse.

On placera aussi dans le fond de la pile un grand sablier et une rainure dite cloutière.

Le cylindre sera remplacé par une roue composée de deux disques en bois garnis de six à huit palettes. J'ai vu à l'étranger des fabricants employer des roues de ce genre, mais en fonte.

La vitesse à donner à cette roue, quels que soient le diamètre et le nombre des palettes, sera calculée de telle sorte que la pâte tourne dans la pile blanchisseuse à peu près avec la même vitesse que dans les piles défileuses.

Si, au lieu de roue à palettes, on plaçait dans la blanchisseuse, pour affleurer la pâte, tout en la lavant et en la blanchissant, un cylindre muni de vingt fortes lames en bronze, avec une platine de deux ou trois lames, le lavage et le blanchiment en seraient meilleurs et plus rapides.

Naturellement, il faudrait alors plus de force motrice; mais la pâte, déjà un peu raccourcie pendant le blanchiment, se raffinerait avec plus de facilité.

Je propose ce moyen, parce qu'il me paraît bon, cependant je dois prévenir que je n'en ai pas encore fait l'expérience.

Dans les piles qui servent à blanchir les pâtes tendres déjà blanchies au chlore gazeux, et qui n'ont pas besoin d'être raccourcies, on établira de puissants tambours laveurs, afin de bien laver ces pâtes avant ce second blanchiment.

Pour les pâtes traitées seulement par le chlore liquide, et que l'on voudrait au besoin blanchir deux fois, un double fond, bien établi dans les piles blanchisseuses, faciliterait le lavage nécessaire entre les deux opérations, et permettrait de blanchir ces pâtes deux fois de suite, sans être obligé de les descendre dans des caisses et de les faire égoutter pour les remonter ensuite.

Quand on établit un double fond, on fixe sur un côté de la pile une caisse en bois ayant $0^m.25$ de largeur, $0^m.35$ de longueur, et dépassant de $0^m.40$ en hauteur le bord de la pile.

On établit la communication entre la pile et la caisse par une double ouverture de $0^m.03$ de hauteur et $0^m.30$ de longueur, l'une dans le fond de la pile, l'autre dans le fond de la caisse. On place autour de ces ouvertures, entre la pile et la caisse, une bande de caoutchouc pour éviter les fuites d'eau.

On fait arriver au-dessus de cette caisse trois conduits munis de robinets, et communiquant : le premier avec le réservoir d'eau ; le second avec le réservoir de chlore faible provenant de l'égouttage des pâtes blanchies ; le troisième avec le réservoir de chlore fort n'ayant pas encore servi. Par ce moyen on amène facilement le bain de chlore dans la pile au degré de force qui convient à la pâte que l'on veut blanchir.

Au fond de cette caisse sont placées deux soupapes de $0^m.10$ de diamètre, auxquelles sont fixés des fils de fer qui permettent de les lever à volonté.

L'une de ces soupapes sert à faire écouler le chlore, affaibli après le blanchiment, dans le réservoir qui lui est destiné; l'autre sert à faire écouler dehors les eaux de lavage qui ne doivent pas être recueillies.

Ce qui convient le mieux pour les doubles fonds, ce sont des plaques en cuivre, percées de trous de $0^m.002$ environ.

Ces plaques sont posées sur des tasseaux en bois dans lesquels, de distance en distance, on a pratiqué des échancrures, pour que l'eau et le chlore circulent sur tout le fond de la pile.

Elles doivent être établies par parties et de manière à s'enlever facilement, afin qu'on puisse de temps en temps retirer le sable qui a pu s'amasser en dessous

On pourrait cependant établir des plaques fixes, et nettoyer le dessous par un courant d'eau, projeté dans le sens longitudinal, et produit au moyen de robinets placés dans le fond de la pile et à chaque bout.

Ce double fond aux piles blanchisseuses, je le conseillais déjà, il y a douze ans, dans mon ouvrage sur la papeterie. Il n'est pas à ma connaissance que des fabricants français aient suivi ce conseil, mais en Angleterre, depuis plusieurs années, ces doubles fonds aux piles blanchisseuses sont en usage dans plusieurs grandes fabriques, qui s'en trouvent bien.

Je ne veux pas dire cependant qu'il soit nécessaire d'adopter cette mesure dans tous les cas, et je connais des fabriques où cela serait inutile ; mais ce double fond

est avantageux quand on fait des lavages dans la blanchisseuse même.

VI, VII, VIII. Pile laveuse, pile raffineuse, pile affleureuse.

La plupart des fabricants lavent les pâtes, les raffi-
nent et les affleurent dans la même pile. Cette manière
d'opérer est défectueuse, car le lavage et l'affleurage
demandent une pâte claire; le raffinage, au contraire,
se fait mieux quand la pâte est épaisse.

Quelques fabricants font leur mélange de pâte dans
des piles laveuses. Après le lavage, ils descendent ces
pâtes dans des caisses à égoutter; on les porte ensuite
dans des dépôts ou directement dans les raffineuses. De
cette manière, on peut tenir la pâte claire dans la pile
laveuse, et le lavage se fait plus facilement, mais il en
résulte des frais de main-d'œuvre et des déchets.

Ce système peut convenir pour certaine fabrication;
cependant il me paraît plus simple et généralement plus
avantageux d'avoir pour le raffinage, comme pour le
défilage, deux piles superposées.

La pile supérieure sera munie d'un tambour laveur.
Pendant l'opération même du lavage, on y commencera
le raffinage, en appuyant légèrement le cylindre sur sa
platine.

Quand le lavage sera terminé, on fermera le robinet
et on enlèvera une partie de l'eau au moyen du tambour
laveur, afin que la pâte soit plus épaisse dans la raffineuse, et par conséquent plus propre au raffinage.

Dans la dernière partie de cette opération, la colle et
la préparation de poudre minérale qu'on mêle à la pâte

la rendront de nouveau plus claire, et, au moment de l'affleurage, on ajoutera encore de l'eau, autant que la pile peut en contenir sans déverser, afin de le rendre plus facile.

Outre les avantages dont j'ai parlé plus haut, le système des deux piles superposées pour le lavage et le raffinage donne encore, par ce changement de pile, un triturage plus régulier, dans lequel on risque moins de trouver des filaments échappés aux cylindres [1].

Quand la situation est telle que la force motrice est peu coûteuse, soit par l'abondance de l'eau, soit par le bas prix de la houille, il est mieux d'avoir un plus grand nombre de cylindres et de les appuyer moins sur platine. Pour être sûr que les ouvriers ne les appuieront pas plus qu'il ne leur est recommandé, on établit sous les leviers des vis d'arrêt dont le contre-maître seul a la clef. Si la pâte à raffiner a été débarrassée de tout le chlore qu'elle pouvait contenir, soit par un lavage préalable, soit par l'évaporation dans les dépôts; si, d'autre part, le nombre des cylindres est assez grand pour qu'il suffise de faire affleurer dès le commencement de l'opération, et de manière à faire durer le raffinage huit à dix heures, au lieu de deux ou trois heures comme d'habitude, il sera mieux alors d'avoir les raffineuses sur le même plan. Mais, comme le cas ci-dessus constitue une organisation exceptionnelle, d'ailleurs la mieux entendue, j'ai cru devoir, en vue de l'organisation de la presque totalité des fabriques, conseiller les deux piles superposées.

---

[1] Le spatulateur inventé par M. Paul Breton contribue aussi à régulariser le raffinage.

J'ai vu, dans quelques fabriques à l'étranger, une petite pile affleureuse placée entre les réservoirs de pâte raffinée et la machine à papier, de telle sorte que toute la pâte passait dans cette petite pile avant d'être fabriquée. Ce système m'a paru assez bon, et je crois qu'on trouverait certains avantages à l'adopter quand on dispose d'une place suffisante.

Les piles laveuses et raffineuses auront la même forme que la pile qui sert à finir le défilage, sauf les modifications suivantes :

1° La pile laveuse n'aura pas de cloutière, elle n'aura qu'un sablier, et les ouvertures en seront moins grandes. Les lames du cylindre et de la platine seront de deux millimètres moins épaisses ;

2° Les lames du cylindre de la pile inférieure et celles de la platine seront aussi de deux millimètres moins épaisses. Cette pile n'aura ni tambour laveur, ni cloutière, ni sablier ; en outre, l'eau n'entrera pas par le fond, mais par un robinet placé au-dessus comme d'habitude.

Quelques fabricants se servent d'une pile à laver les chiffons après le lessivage. Je n'en ai pas parlé dans l'énumération des divers cylindres actuellement en usage, parce que ce lavage se fait mieux dans l'espèce de blutoir établi à cet effet par M. Bertram, constructeur écossais.

Du reste, ce lavage après le lessivage, très-utile quand on fait le défilage en entier dans une seule pile, n'est plus aussi nécessaire quand on a établi, pour défiler, deux piles superposées et bien montées, telles que je les ai décrites précédemment.

Avant de terminer ce travail sur les cylindres, nous

passerons en revue les différents systèmes de piles, de cylindres et de platines actuellement en usage, et nous rechercherons ceux qui paraissent offrir le plus d'avantages suivant les cas et les circonstances particulières.

En visitant les fabriques, on trouve les piles, cylindres et platines dont le détail suit :

Piles en fonte;
— en bois;
— en pierre;
— en briques;
— en béton;
— dont le tour est en fonte, le fond et le saut en béton.
Cylindres avec noyau en bois et avec lames retenues par un cercle en fer;
— avec noyau en fonte et lames retenues par des cales en bois;
— avec noyau en fonte et avec lames retenues en même temps par un cercle en fer et par des cales en bois;
— avec arbre en fonte ou en fer, carré dans le noyau;
— avec arbre en fonte ou en fer, rond sur toute sa longueur;
— avec lames de fer;
— avec lames d'acier non trempé ou trempé légèrement;
— avec lames d'acier fortement trempé;
— avec lames de bronze;
— avec lames de fer, d'acier ou de bronze, de $0^m.01$ d'épaisseur, finissant en biseau;
— avec lames de fer ou de bronze, de $0^m.02$ d'épaisseur, moitié formant biseau, moitié formant talon;
— avec lames de fer ou de bronze, de $0^m.03$ d'épaisseur, formant deux biseaux et un talon;

Cylindres à séries de deux lames, laissant une distance un peu plus grande entre chaque série qu'entre les deux lames ;

— à séries de trois lames, laissant aussi une distance un peu plus grande entre chaque série ;

— à séries de trois lames, dont deux se touchent ;

— dont toutes les lames sont séparées par une égale distance ;

— avec lames non parallèles à l'axe du cylindre, et sur un plan un peu incliné relativement à cet axe.

Platines de trois à vingt lames en acier plus ou moins dur, ou en fer, ou en bronze, accolées les unes aux autres et maintenues par des boulons ;

— consistant en un bloc de fer ou en un bloc de bronze, dans lesquels les lames sont formées par des entailles ;

— formant un V très-ouvert ;

— avec lames d'acier ou de bronze, de $0^m.002$ à $0^m.004$ d'épaisseur, séparées par des cales en cuivre, en zinc, en bois, en papier, etc., de $0^m.006$ à $0^m.010$ d'épaisseur, le tout réuni par des boulons ;

— avec les mêmes lames que ci-dessus, mais réunies par un métal coulé entre ces lames et formant bloc.

Piles.

Les piles en fonte sont généralement adoptées ; mais je n'ai trouvé dans aucun pays, dans aucune fabrique, un modèle de pile en fonte qui ne laisse à désirer sous quelques rapports. C'est ce dont on peut se convaincre par l'examen des détails que j'ai donnés plus haut sur la forme des piles de cylindres.

Les piles en bois ont été presque partout abandonnées, à cause de leur durée comparativement limitée et des malpropretés qu'elles occasionnent.

Les piles en pierre ne sont employées que dans les contrées où l'on peut se procurer des blocs de granit ou autre pierre dure à bas prix.

Les piles en briques, les piles en béton, recouvertes à l'intérieur d'un solide crépissage, sont employées avec avantage surtout pour les grandes piles blanchisseuses. On peut aussi les employer pour les défileuses et même pour les raffineuses. Seulement il faut que la place dont on dispose soit suffisante pour qu'on puisse leur donner, sans se gêner, l'épaisseur voulue. Il faut aussi qu'on puisse les établir sur voûte.

On fixera, dans ce cas, sous le fond de la pile, une pierre de taille ou une forte plaque en fonte qui la dépassera en largeur de o^m.40 environ. A chaque bout de cette plaque, on placera des chaises sur lesquelles porteront les paliers des cylindres.

Lorsque le manque de place ne permettrait pas de construire la pile en briques ou en béton, à cause de l'épaisseur de ce genre de construction, on pourrait employer la fonte pour le tour de la pile, et construire en béton le fond et le saut. On établirait alors, comme dans le cas précédent, une pierre ou une plaque en fonte pour supporter les paliers du cylindre. Dans les deux cas, la caisse qui doit recevoir la platine doit être fixée très-solidement dans le saut.

Cylindres.

Les noyaux en bois, étant les plus légers, peuvent encore offrir des avantages pour quelques fabrications spéciales.

Avec ces noyaux, il est indispensable d'avoir des cercles pour retenir les lames ; mais ces cercles ne sont pas nécessaires avec des noyaux en fonte, des cales en bois dur et bien sec suffisent. Un assez grand nombre de fabricants emploient cercles et cales. Avec des cales bien ajustées, les cercles sont une dépense inutile.

Quand on emploie les cales, il est bien de mettre une bande mince de gutta-percha ou de toile goudronnée entre la fonte et les lames, afin que ces dernières soient mieux appuyées.

On préfère généralement les noyaux en fonte, ajustés avec une forte clef sur un arbre en fer rond.

Les cylindres avec lames de fer sont peu en usage.

Les cylindres avec lames d'acier non trempé ou légèrement trempé sont plus généralement employés.

Les cylindres avec lames d'acier fortement trempé ne conviennent qu'à la fabrication des papiers très-minces, tels que pelure, papier à cigarette, etc., et aux fabrications spéciales qui demandent des pâtes grasses.

Quand les lames d'acier sont très-dures, et qu'on ne les tient pas tranchantes, la vive arête de ces lames s'arrondit. Il en résulte que la pâte est plus ménagée, mais que le triturage demande plus de temps.

Les lames de bronze conviennent pour certaines fabrications spéciales, et aussi dans quelques localités où les eaux attaquent promptement le fer et l'acier.

Les lames de $0^m.02$, de $0^m.03$ d'épaisseur, dans lesquelles on pratique une ou deux entailles en laissant un talon, sont presque complétement abandonnées. Ces lames donnent de bonnes pâtes, sans doute, mais à force égale elles produisent moins que celles de $0^m.01$ d'épaisseur.

Les cylindres à séries de deux lames, pour la première partie du défilage, et à séries de trois lames pour la deuxième partie, ainsi que pour le raffinage, constituent le système le plus usité, et, je crois, le meilleur.

Quant aux cylindres à lames non parallèles à l'axe, ils sont d'une construction difficile, et n'offrent pas d'avantages particuliers en compensation de cette difficulté. On conçoit qu'il est plus simple et bien plus facile d'établir la platine sur un plan incliné relativement à l'axe du cylindre.

Platines.

Le système des platines de 8 à 10 lames pour les défileuses, de 12 à 15 pour les raccourcisseuses et les raffineuses, mais un peu plus minces pour ces dernières, me paraît offrir les meilleures proportions. Cependant, dans des positions où il importe beaucoup de ménager la force motrice, on peut employer des platines moins larges.

Le biais qu'on donne aux lames des platines pour qu'elles ne soient pas en ligne parallèle avec les lames des cylindres, peut varier un peu sans qu'il en résulte une différence très-sensible. Mais c'est une faute, je crois, de tomber dans les deux excès, et de leur donner une direction soit trop oblique, soit trop rapprochée de la parallèle.

Les platines avec lames d'acier non trempé ou légèrement trempé sont le plus en usage.

Les platines avec lames de fer doux sont employées par quelques fabricants, qui s'en trouvent bien, disent-ils. Quelques-uns, au lieu d'employer les lames de fer jointes ensemble par des boulons, emploient un bloc de fer, dans lequel ils taillent des échancrures.

Les platines avec lames de bronze, soit en lames détachées, soit entaillées dans un bloc, conviennent bien pour certaines spécialités de papier. Dans tous les cas, le bronze laisse plus de blancheur à la pâte que le fer et l'acier.

Les platines en forme de V très-ouvert ne s'emploient ordinairement que pour le défilage.

Les platines avec lames d'acier ou de bronze, de $0^m.002$ à $0^m.004$ d'épaisseur, avec cales entre elles, et réunies par des boulons, ainsi que les platines avec lames semblables, mais formant bloc au moyen d'un métal coulé, ne sont encore ni les unes ni les autres d'un usage bien répandu. Elles donnent incontestablement un triturage plus régulier, et conviendraient surtout aux fabricants qui font beaucoup de papier mince, de même qu'à ceux qui ont presque constamment le même genre de fabrication.

J'ai vu, il y a déjà vingt-cinq ans, ce genre de platine dans quelques fabriques anglaises, mais les entre-lames étaient en bois, en zinc ou en cuivre rouge. MM. Meyer et Lussagnet, constructeurs à Kaysersberg (Vosges), ont remplacé les entre-lames par un métal coulé, qui fait de la platine un bloc très-solide. Ce système leur permet de donner aux lames plus ou moins d'inclinaison, selon le désir du fabricant. Ces platines me paraissent bonnes, mais elles sont d'un prix élevé. D'autre part, au fur et à mesure que la platine s'use, il faut creuser dans le métal qui remplace les entre-lames, travail plus long et plus coûteux que le retaillage des platines ordinaires. Cependant quelques fabricants ont fait l'essai de ce nouveau système, l'ont adopté, et s'en disent assez contents.

M. F. Bérauld, de Saint-Étienne (Loire), fait aussi des platines avec des lames d'acier non trempé, de $0^m.002$ à $0^m.004$ d'épaisseur. Au lieu de bois ou de métal pour entre-lames, il se sert de papier, qui s'use en même temps que les lames, lesquelles n'ont jamais besoin d'être retaillées. Faites ainsi, ces platines sont d'un bas prix, et ne coûtent rien de retaillage. Si l'expérience prouvait qu'elles offrent autant de solidité et font un aussi bon travail que les platines d'un seul bloc, avec lames dans le métal coulé, elles seraient évidemment préférables.

Du reste, les platines ordinaires avec lames d'acier, de $0^m.008$ à $0^m.010$ d'épaisseur, taillées en biseau, pourraient donner un triturage presque aussi régulier, si on évitait de tailler les lames très-aiguës, et si on leur laissait, par exemple, $0^m.001$ de surface à leur extrémité, en ayant soin de les remplacer quand, par l'usure, cette surface arriverait à $0^m.002$.

La faute que l'on fait souvent de rendre d'abord les lames tranchantes, et de ne les remplacer qu'au moment où, par l'usure, le tranchant est arrivé à une épaisseur de $0^m.004$ à $0^m.005$, ne pourrait être en partie palliée que par la grande attention qu'aurait le gouverneur des cylindres d'appuyer plus ou moins sur la platine, selon le degré d'usure plus ou moins avancé des lames. Or, les fabricants savent qu'il n'est pas prudent de compter sur une intelligence aussi attentive de la part des ouvriers.

En tout cas, quand la platine est trop usée, on produit moins tout en dépensant plus de force motrice.

Mais, dira-t-on, si l'on produit moins avec des lames

bien usées, d'un autre côté la pâte est meilleure. A cela je répondrai qu'avec des platines peu usées, on peut, en ayant soin de ne pas trop appuyer sur la platine, obtenir une bonne pâte sans employer autant de force motrice qu'avec les platines très-usées. Pour arriver sûrement à ce résultat, il faut, comme je l'ai dit, avoir des vis d'arrêt sous les leviers des cylindres, afin de se mettre à l'abri de toute négligence de la part des ouvriers.

Depuis que mes articles sur les cylindres ont paru dans le *Moniteur de la Papeterie*, plusieurs fabricants m'ont fait part de leurs objections contre le système des piles superposées. Ils regardent comme un inconvénient assez grave les quelques marches d'escalier à monter pour aller des piles d'en bas aux piles d'en haut. Ils trouvent aussi qu'une salle de cylindres où toutes les piles sont sur le même plan, est d'une construction plus facile et offre un plus beau coup d'œil.

Ces objections me venant de fabricants intelligents, expérimentés, et pour l'opinion desquels j'ai une haute considération, je me suis demandé si je ne m'étais pas trompé dans mon appréciation sur les avantages du système en question, et je me suis mis à en étudier de nouveau la valeur, en tenant compte des observations qui m'étaient faites.

Après un nouvel examen, fait avec impartialité et sans parti pris, je reste convaincu de la supériorité de cette disposition de piles superposées, surtout pour les défileuses.

L'inconvénient des trois à quatre marches d'escalier pour aller des piles d'en bas aux piles d'en haut est, on peut le dire, presque insignifiant, puisqu'on n'a pas de fardeaux à y faire passer, les chiffons et les pâtes devant être montés directement près des piles d'en haut au moyen d'un treuil.

Les ouvriers n'ont pas à se servir de ces escaliers pendant leur travail, car si l'on a, par exemple, huit défileuses ou huit raffineuses dans une pièce, un ouvrier gouverne les quatre piles supérieures, un autre les quatre piles inférieures.

Quant à la plus grande facilité de construction que pourrait offrir une salle où tous les cylindres seraient sur un même plan, et à l'aspect plus régulier qui résulterait de cet arrangement, cela mérite certainement quelque considération.

Mais les avantages des piles superposées sont si positifs et si importants, ils me paraissent si incontestables, que je n'hésiterais jamais, dans l'organisation d'une nouvelle fabrique, à adopter ce système.

Pulp-engine.

J'ai à parler maintenant du pulp-engine. Mais je dois déclarer d'abord que je n'ai pas expérimenté moi-même cette machine.

Je commencerai par donner sur cet appareil des renseignements que je dois à l'obligeance de MM. de Montgolfier, fabricants de papier à Montbard.

Le pulp-engine a été inventé par M. Kingsland, fabricant de papier en Amérique. Des brevets ont été pris par M. Stuard, beau-frère de l'inventeur, en Angleterre, en France et en Allemagne, et cédés, à partir de janvier 1859, à MM. Easton, Amos et compagnie, de Londres, pour l'Angleterre; à MM. Montgolfier père et fils, de Montbard, pour la France, l'Italie et l'Espagne, et à MM. Thode, de Dresde, pour l'Allemagne.

Le pulp-engine se compose d'un disque vertical en fonte, taillé à la manière des meules anglaises, tournant entre deux platines, dont l'une, mobile, permet de régler la trituration des deux côtés. La pâte entre d'un côté du disque pour sortir par le centre, à l'opposé. Une pompe alimentaire fournit régulièrement l'appareil de mi-pâte blanchie et collée.

Quand le pulp-engine est en bonne marche, la force centrifuge maintient à la circonférence les parties non triturées, et donne à la sortie un jet continu de pâte triturée et raffinée.

MM. de Montgolfier ont reconnu que cet appareil, construit en vue de pâtes tendres où il entre beaucoup de coton, comme celles d'Amérique, demanderait des modifications pour être appliqué avec avantage à la trituration des chiffons durs. Ils pensent cependant que cette machine est destinée, sinon à remplacer les cylindres, du moins à activer et à améliorer la trituration principalement des pâtes ordinaires.

MM. Easton, Amos et compagnie ont déjà livré environ quarante pulp-engine, de 1858 à 1863, dans différents États.

Cette machine ne s'est pas encore répandue en France. A notre connaissance, il n'y a encore que le pulp établi à la papeterie d'Essonne qui fonctionne; cette usine en paraît satisfaite.

Les premiers essais faits en France n'ayant pas donné des résultats complétement satisfaisants, et le fonctionnement du pulp-engine demandant une grande force motrice, les fabricants ont reculé devant les dépenses et les changements qu'aurait nécessités l'établissement de cette machine.

Ce n'est pas à dire que la machine soit mauvaise ; elle n'a pas été appliquée dans des conditions convenables en France.

Revenant de Russie l'année dernière, et traversant l'Allemagne, j'y ai visité quelques fabriques où le pulp-engine fonctionne, et donne, paraît-il, de bons résultats.

Il raffine 4 à 5,000 kilogrammes de pâte en vingt-quatre heures. Mais, au dire des fabricants qui s'en servent, il faut, pour arriver à une marche convenable, tant pour l'appareil que pour les deux cylindres qui préparent la pâte, une force de quarante chevaux.

En somme, ils étaient très-contents de cette machine, affirmaient qu'elle leur rendait de bons services pour leur fabrication en sortes mi-fines et moyennes, mais ils reconnaissaient cependant que, pour les sortes superfines, les cylindres étaient préférables.

Je pensais donc en quittant l'Allemagne que le pulp-engine était une machine meilleure que ne l'avait fait supposer son peu de succès en France, et qu'elle pouvait être employée avec avantage pour la fabrication des sortes moyennes, en y appliquant une force motrice de quarante chevaux.

Au mois d'avril dernier, j'ai encore eu l'occasion de voir fonctionner le pulp-engine établi dans la belle fabrique de MM. Godin, à Huy (Belgique), pour la trituration de la pâte de paille.

M. Thiry, l'habile ingénieur qui a monté ce pulp-engine, pense, lui, qu'au lieu d'employer une force de quarante à cinquante chevaux pour faire travailler cet appareil, il serait préférable de ne le faire marcher qu'avec une force de douze à quinze chevaux seulement, comme affleureur, en quelque sorte, et d'avoir un plus grand nombre de cylindres pour préparer la pâte.

En résumé, connaissant l'intelligence hors ligne de MM. Godin, leur compétence dans tout ce qui concerne l'organisation d'une papeterie, et voyant qu'ils ont adopté le pulp-engine dans leur admirable établissement pour la préparation de la pâte de paille, j'en conclus que le pulp-engine est une bonne machine pour la préparation des pâtes de paille, de sparte, de diss, etc.

Je crois que l'on trouverait aussi de l'avantage à employer le pulp-engine pour le raffinage des pâtes destinées à la fabrication des qualités moyennes, soit avec un frottement tel qu'il exigeât une force de quarante chevaux, comme font les fabricants allemands dont j'ai parlé plus haut, soit, comme le recommande M. Thiry, en ne se servant du pulp-engine que comme affleureur, en quelque sorte, avec un frottement tel qu'il ne nécessitât pas plus de douze à quinze chevaux de force, et en y adjoignant quatre et même six cylindres, au lieu de deux, pour préparer la pâte qu'il devrait mettre en œuvre.

Au moment où j'écrivais ce qui précède, j'étais assez porté à me ranger à l'avis de M. Thiry, c'est-à-dire à conseiller de ne se servir du pulp-engine que comme affleureur, avec une force de douze à quinze chevaux seulement. Mais dans un voyage que je viens de faire plus récemment en Allemagne, j'ai vu de nouveau fonctionner le pulp-engine dans plusieurs fabriques, entre autres dans la belle papeterie de MM. Finsch, à quatorze lieues de Leipzig.

Tous les fabricants qui se servent de cette machine en sont très-contents, mais tous s'accordent à dire que, pour en tirer bon parti, il faut l'employer avec une force de quarante chevaux.

Ils pensent que le mode d'emploi conseillé par M. Thiry ne saurait convenir que pour les pâtes de paille, de sparte, etc., et non pour les pâtes de chiffons.

On pourrait, sans doute, perfectionner le pulp-engine en remplaçant les plateaux en fonte par des plateaux en bronze plus ou moins dur, ou en ajustant des lames d'acier dans les plateaux en fonte. Mais les résultats de cette modification ne sont pas sanctionnés par l'expérience.

Parmi les fabricants qui emploient le pulp-engine, les uns se servent de plateaux en fonte, assez douce pour qu'on puisse en retailler les lames deux ou trois fois, d'autres trouvent ces plateaux d'un si bas prix, qu'ils ne se donnent pas la peine d'en retailler les lames quand elles sont usées.

En terminant ces articles sur la question des cylindres, que j'ai traitée la première à cause de son importance capitale, je dois reconnaître que je n'ai dit que des choses élémentaires et généralement connues.

Les fabricants, les directeurs, je dirai même les contre-maîtres, entendent l'organisation d'une papeterie, savent tout ce qui concerne les chiffons, le lessivage, le défilage, le blanchiment, la fabrication aux machines, etc., etc. Chacun s'occupe de la direction et choisit la marche qui lui paraît la plus convenable; chacun, à sa manière, a établi sa comptabilité.

Si j'ai accepté du Comité central la tâche de traiter la partie technique dans le *Moniteur de la Papeterie*, ce n'est pas avec la prétention de dire des choses nouvelles ou inconnues à mes confrères.

Seulement, ce qui m'a toujours frappé dans mes visites aux fabriques, surtout pendant les dernières années de ma carrière, c'est d'y voir souvent, à côté de l'intelligence et de la capacité que l'on trouve généralement chez les fabricants, une foule de vices d'organisation, de dispositions mal entendues, de négligences dans les détails, et une organisation générale qui n'est pas toujours en rapport avec le genre de fabrication adopté.

Des circonstances particulières m'ont fourni l'occasion de visiter à plusieurs reprises, et à quelques années de distance, un assez grand nombre des principales fabriques de papier de l'Europe, et de les voir fonctionner dans des conditions bien diverses. L'expérience qui résulte de comparaisons fréquemment répétées, les enseignements que j'ai tirés d'entretiens avec des fabricants distingués, m'ont habitué à saisir assez facilement le côté faible d'une papeterie, à en déterminer les parties défectueuses, soit dans l'organisation, soit dans la fabrication, et à reconnaître les moyens les plus propres à y porter remède.

Appliquant l'acquis d'une longue pratique aux questions qui concernent la papeterie, je pourrai, je l'espère, sans rien apporter de nouveau, comme je l'ai déjà dit, me rendre utile en aidant les fabricants dans le choix des moyens, en ramenant leur attention sur des détails qu'ils peuvent avoir perdus de vue, et en faisant profiter de mon expérience les contre-maîtres et les jeunes directeurs.

Que l'on me permette de résumer en deux principes, à mon avis d'une haute importance, les conseils que mon âge pourrait peut-être m'autoriser à donner :

1° Apporter, dans les petites choses comme dans les grandes, des soins incessants et minutieux, une vigilance attentive et infatigable ;

2° Se défier de l'amour-propre, qui trop souvent nous porte à croire que les mesures prises par nous, en organisation, en fabrication, en direction, sont mieux entendues que celles de nos confrères.

Cette idée exagérée que l'on se fait de sa capacité, de son propre mérite, étouffe le désir d'apprendre, l'esprit de recherches, de comparaison, et met obstacle au développement, aux améliorations et aux progrès.

Si mon propre exemple pouvait servir de leçon à mes jeunes confrères, je confesserais volontiers ici, qu'en jetant un regard sur le passé de ma carrière industrielle, je reconnais que cet amour-propre mal placé m'a fait commettre bien des fautes.